AF532350

Taoismus, aha!

Taoismus für Minimalisten

Tanja Alexa Holzer

wortfeger.ch

Neuauflage 2021
ISBN 978-3-03923-060-0

Die Deutsche und Schweizer Nationalbibliotheken verzeichnen
diese Publikation in der Nationalbibliografie;
detaillierte bibliografische Daten abrufbar auf:
www.dnb.de und www.nb.admin.ch

- Buchproduktion
- Texte
- Korrekturen
- Ghostwriting
- Storytelling
- Blogging
- Web & Social Media

«aha!»

Aha!-Publikationen informieren kurz und doch umfassend. Ideal, um über ein Thema möglichst schnell viel zu wissen.

Wortfeger Media und die Autorin Tanja Alexa Holzer halten sich an das Motto:

«Nicht der Umfang macht den Wert,
sondern die Fülle an Informationen.»

Der Aufwand, ein langes Sachbuch zu verfassen, ist ähnlich, wie eine kurze, prägnante «Weisheitsperle» zu recherchieren und zu schreiben.

In diesem Sinn: Viel Freude mit ***aha!***

Weitere Informationen zu allen Publikationen finden Sie auf

wortfeger.ch

Einführung

Als «taoistisch» wurde fälschlicherweise über Jahrhunderte alles bezeichnet, was weder in die Schublade der Philosophie noch in jene des Konfuzianismus passte. Der Taoismus, auch Daoismus oder «Lehre des Weges» genannt, ist der lebendige Ausdruck einer urtümlichen Lebensweise, die heute fast aus unserer Welt verschwunden ist. Er ist mit dem chinesischen Denken und der Lebensart über Jahrhunderte dicht verwoben, beeinflusste Kalligraphie, Dichtung und Malerei.

Was alles genau dem Einfluss dieser chinesischen Philosophie zuzuschreiben ist, kann heute kaum noch definiert werden. Seine Anfänge werden je nach Quelle dem gelben Kaiser zugeschrieben, der 2697 bis 2597 v. Chr. regierte, oder den später lebenden Lao Tzu sowie Chuang Tzu. Die Taoisten nennen ihre Glaubenslehre oft Huang lao.

Der Taoismus setzt sich aus unzähligen Facetten und Strömungen zusammen. Nicht alle seine Aspekte sind von grossem Wert, manche sind auch geradezu bizarr. Dies ist jedoch nicht weiter verwunderlich, wenn man bedenkt, wie alt die

Glaubenslehre ist. Die Qualität innerhalb des Taoismus ist also unterschiedlich. Wir können uns die ganze Philosophie wie in der mathematischen Mengenlehre als drei unterschiedlich grosse Kreise vorstellen, welche ineinander liegen. Ganz aussen ist der Stand der Bauern aus der Provinz, geprägt von Einfachheit und Naivität. Im mittleren Kreis ist der Mittelstand, welcher Wissenschaft und Künste kultiviert. Im Zentrum herrscht die Spitze der Weisheit.

Manche Methoden des Taoismus sind geheim und wurden niemals schriftlich überliefert. Dennoch kann das heute bekannte Wissen den Suchenden zu einem erweiterten Sein führen, zur Verschmelzung mit dem Universum.

Die taoistische Lehre gibt es also in banaler Form wie auch in höchster Weisheit. Es existieren auch unzählige verschiedene Richtungen, deren Verfolger sich wiederum für andere Übungen des taoistischen Trainings entschieden. Zwei Hauptrichtungen haben sich jedoch herauskristallisiert. Dies sind, wenn sie auch nicht immer unter diesem Namen geführt werden, die nördliche Schule, die Schule der Vollkommenen Erleuchtung, und die südliche Schule, welche sich mit volkstümlichem Taoismus sowie verstärkt mit Magie beschäftigt. Die nördliche Schule kennt mehr meditative Übungen.

Sein der zehntausend Dinge

Die Vorstellung von einem höchsten Wesen, wie das Christentum Gott betrachtet, wird in Ostasien ersetzt durch einen höchsten Seinszustand. Alles, was ist, wird von dieser körperlosen Vollkommenheit nur durch die eigene Unwissenheit und Illusion getrennt.

Das Tao ist der reine Geist, Ursprung des Universums, das ewige Allumfassende und alles Durchdringende. Oft wird es auch als «Sein der zehntausend Dinge» beschrieben.

Handeln ohne zu handeln, den Lauf dem Tao zu überlassen, ohne sich in seinen natürlichen Fluss einzumischen, sind Grundzüge dieser Philosophie. In ihr siegt das Weichste und Feinste über die Härte, denn das Feinste durchdringt Letzteres. Wie im Christentum gilt es auch im Taoismus, dass jede Beschreibung des Höchsten dieses nur schmälern würde. Worte begrenzen schlussendlich das grenzenlose Tao, welches unvorstellbar in seiner Weite und Unendlichkeit ist. Dennoch ist seine Fülle auch im Kleinsten gegenwärtig und enthalten.

In den christlichen Lehren des Volkes glaubt der Mensch nicht daran, mit Gott selbst eins werden zu können. Damit begrenzt er die Unendlichkeit Gottes, da es in seinem Glauben etwas wie Nicht-Gott gibt.

Für den Taoisten gibt es so etwas nicht, für ihn ist alles Tao, nichts ist von einander getrennt.

Die Welt der Form, also die materielle Gestalt, kann erst verstanden werden, wenn die geistige Welt, das Nichtmaterielle, erfasst wird. Beides, Materie und Geist, sind zwei Aspekte des Einen. Und beides fliesst ohne feste Grenzen ineinander, das Nichtfassbare oder die Leere und das Fassbare, die Materie.

Dieses Wechselspiel wird in der taoistischen Kunst oft dargestellt, indem feste Gegenstände beinahe verschwinden und schummrig werden. Festes mit eigentlich starker Präsenz wird schemenhaft dargestellt und verschmilzt mit der Leere. Es verliert an Präsenz und Wichtigkeit. Dafür erhält etwas winzig Kleines in der Darstellung grosse Bedeutung. Die taoistischen Künstler weisen damit auf die Schwingung alles Lebenden hin, auf die kosmische Energie, welche im Kleinsten wie auch im Grössten fliesst.

Der hoch verehrte taoistische Meister Ko Hung, der im Jahr 253 unserer Zeitrechnung geboren wurde und 116 Bände verfasste, war davon überzeugt, dass es dem Menschen ausserordentlich schwerfällt, die zehntausend Dinge des Universums völlig zu verstehen. Gewöhnlichem Volk gar bliebe dieses Verständnis komplett verweigert. Wer schon könne gleichzeitig in den Alltag und seine Umgebung eingebunden sein und sich gleichzeitig genau davon lösen?!

Auch sprach er einflussreichen Menschen seiner Zeit ab, wahre Taoisten zu sein. Für ihn schlossen sich Profitsucht und das Praktizieren des Taoismus aus.

Tao als Weg

Tao wird auch als «Weg» definiert. Die Taoisten lehren, alles hat einen ureigenen Sinn und somit einen ganz eigenen Weg – so auch der Mensch. Verlässt der Mensch seinen eigenen Weg, so ist dies unklug und zeigt sich in seinem Leben mit Irrungen und Stolpersteinen.

Schon alleine damit hat der Taoismus in China einen schweren Stand. Die Individualität ist ein Wesenszug von ihm, was mitten im Gedanken für einen Einheitsstaat einen ziemlich krassen Gegenpol bildet. Dem Taoisten ist ein Leben im Einklang mit der Natur äusserst wichtig. Er beobachtet die Abläufe und Mechanismen in seiner natürlichen Umgebung. Er folgt dem Tao des Menschen sowie dem Tao der Natur, wie ein Fisch im Wasser in der Strömung schwimmt. Mit der Natur als Freund ist ein ruhiges, müheloseres Leben möglich. Abseits vom natürlichen Weg herrscht hingegen Chaos und Verwirrung.

Ko Hung meinte, Unsichtbares dürfe nicht aufgrund seiner nichtsichtbaren Eigenschaft als nichtvorhanden verstanden werden. So lehrte er, dass der taoistische Weg weit über das Studieren von Schriften gehe, dass Spirituelles erfasst werden müsse – auch anhand des Glaubens und einer ausserordentlichen Aufmerksamkeit.

Der Taoismus kennt im Grunde keine Regeln. Im Gegenteil, die ursprüngliche Lehre gesteht jedem Wesen die Freiheit zu, seinen eigenen Weg zu gehen. Den Lebensweg und menschliches Verhalten strengen Regeln zu unterjochen, würde für den Taoisten eine Anmassung bedeuten.

Wie in anderen Religionen und Lehren ist auch im Taoismus die Rede von einem Juwel oder Funken, welchen jeder Mensch in sich trägt als Essenz des Ursprungs. Bei den Taoisten ist dieses Juwel die Verbindung zum Tao. Der Mensch trägt somit das Tor zum Tao in sich, verschüttet es aber in seinem Alltag allzu schnell mit Gedanken und Ablenkung.

Yin Yang, die Polaritäten

Die Polarität ist auch im Tao te king von Laotse ein zentral wichtiges Thema.

Hier zitiert aus der gemeinfreien Ausgabe von Bodo Kirchner, beginnt der 42. Spruch so:

42. Vom Wissen um die Gegensätze

Aus dem Tao entsteht die Einheit,
aus der Einheit der Gegensatz,
aus dem Gegensatz die Vielfalt,
aus der Vielfalt die ganze Welt.

Die ganze Welt
trägt in sich das dunkle Yin
und um sich das lichte Yang,
durch die Kraft der Leere
bleiben diese im Einklang.

Die Lehre der Polaritäten Yin Yang ist bereits Grundlage des Buches der Wandlungen, dem I Ching. Das Symbol Yin Yang ist das eigentliche Symbol des Taoismus, wie das Kreuz jenes ist der katholischen Kirche. Das Yin Yang zeigt, wie jedes der beiden Polaritäten den Keim des anderen bereits in sich trägt.

Taoistische Philosophen, die sich hauptsächlich mit dem Yin Yang beschäftigten, waren der Ansicht, dass ein Studium der Polaritäten tiefe Einsichten in die Naturgesetze gebe. Und wer sie eingängig studiere, würde mit der Zeit die Entwicklung von Ereignissen nach diesen erkannten Gesetzmässigkeiten voraussagen können.

Alles ist in jedem Moment der Veränderung unterworfen und doch gehorcht alles einer Ordnung, einem Zyklus. Die Jahreszeiten wechseln zyklisch und halten sich dabei in engen Grenzen, jedoch färben sich die Blätter dennoch nicht jährlich genau am selben Tag oder in der gleichen Farbgebung.

Wer diese Zyklen erforscht, kann innerhalb gewisser Grenzen voraussagen, was geschehen wird. Das Erkennen dieser Wechselwirkungen führt zu einer Gelassenheit, welche dem Yin genauso viel Wert beimisst wie dem Yang. Tod, Zerfall und Verlust sind genauso wertvoll wie Wachstum, Vermehrung und Leben.

Das Yang wird dem Himmel zugeschrieben, das Yin der Erde. Taoismus lehrt, dass sich diese Energien in unsichtbaren Strömen berühren. Diese Energiekanäle werden auch als Drachenadern beschrieben und sind in ihrer Bedeutung vergleichbar mit den Energieströmen im menschlichen Körper, welche beispielsweise bei der Akupunktur berücksichtigt werden. Wie der Akupunkteur genau weiss, wo diese Energieströme am Körper entlanglaufen und diese erkennt, begreift der Yin Yang-Gelehrte den Verlauf der Drachenadern ebenfalls. Er erkennt diese Ströme des Ch'i, der kosmischen Kraft, anhand des Ausdrucks der Natur. Aus dieser Lehre der Drachenadern entstand Feng Shui, die Wissenschaft der Geomantie. Feng Shui-Gelehrte streben mit der gezielten Wahl eines Bauplatzes den bestmöglichen Nutzen der einfliessenden kosmischen Energie an. Sie versuchen, den Bau mit den Drachenadern in nützliche Harmonie zu setzen. In China sind unbebaute Plätze dieser Art kaum noch zu finden. Obwohl Tao-Gelehrte selbst Feng Shui oft in Frage stellen, ist es doch erstaunlich, mit welcher Präzision diese Fachpersonen der Polaritäten vollkommene Orte schaffen, an denen alles auf erstaunliche Weise miteinander harmoniert. Unbestritten fühlt sich der Mensch in solchen Bauwerken oder an derartigen Orten besonders wohl.

Lehre der fünf Elemente

Anders als in der griechischen Lehre nach den vier Elementen, welche die Basis des ganzen Universums bilden sollen, existiert im Taoismus die Wu hsing-Lehre. Oft wird diese als «Lehre von den fünf Elementen» bezeichnet, was jedoch im Vergleich zur griechischen Elementenlehre irreführend sein kann. In der Wu hsing-Lehre sind es weniger Elemente, wie wir sie verstehen, sondern vielmehr «Wandlungsphasen», die sich auf Haupttypen von natürlichen Prozessen beziehen. Diese fünf Elemente oder Wandlungsphasen werden bezeichnet als Holz, Feuer, Erde, Metall und Wasser.

Wobei vielmehr ihre jeweiligen Energien zentral sind, und nicht ihre physischen Ausdrucksweisen.

Die Prozesse der Wandlungsphasen stehen in einem empfindlichen Gleichgewicht zueinander, können sich gegenseitig blockieren oder unterstützen. Weise, welche diese Prozesse beobachtet haben, erkannten, dass die zu einem gewissen Grad voraussehbar sind. Dieses Vorausahnen, wie sich die fünf Elemente weiter gegenseitig beeinflussen werden, brachte ihnen auch die Möglichkeit, in diese Prozesse einzugreifen und die Elemente nach Wunsch selbst zu beeinflussen.

Gerade diese Fähigkeit des Voraussagens schenkte dem Taoismus im Volk hohes Ansehen. Einige Taoisten kultivierten diese Wahrsagekunst buchstäblich. Die taoistischen Adepten hingegen interessierten sich dafür überhaupt nicht. Sie beschränkten sich auf das Beobachten der natürlichen Prozesse und wollten sie keinesfalls beeinflussen – gleichgültig, ob dies nun Menschenleben oder die Natur betraf. Sie akzeptieren den Verlauf der Polarität, dass es für Hochs auch Tiefs braucht, für Licht das Dunkle.

Die Gleichgültigkeit gegenüber der Polarität und dem Ausdruck der Wandlungsphasen, dieses genügsame Beobachten, mit allem einverstanden zu sein, war – und ist bis heute noch – ein Zeichen für den gehobenen Geisteszustand.

Drei Schätze

Die Taoisten glauben an die Wirksamkeit der «drei Schätze» in allem, was ist. Diese sind die Essenz (Ching), die Lebenskraft (Ch'i) und die spirituelle Energie (Shen). Diese drei Schätze sind zu fein, als dass sie von uns Menschen tatsächlich wahrgenommen werden könnten. Wir bemerken jedoch ihre Auswirkungen. Ein taoistischer Adept setzt sich zum Ziel, die drei Schätze in seinem Körper und in seinem Sein zu veredeln, um dadurch mehr Vitalität und ein längeres Leben zu gewinnen. Seine geistigen Übungen und Bemühungen sind genau darauf ausgerichtet. Aussenstehende interpretierten diese Mühen der Adepten oft falsch, was im Allgemeinen zu Missverständnissen führte. So dachten einige, das Ziel des Taoismus sei gleichzusetzen mit jenem der Alchemisten. Aber auch unter den Taoisten selbst gibt es naive wie auch geistig erhabene.

Die taoistische Alchemie arbeitet mit den drei Schätzen. Auf materieller Ebene soll dank diesen drei Kräften beispielsweise Metall zu Gold veredelt werden. Auf körperlicher Ebene hingegen wird mit ihnen ein Geistkörper erschaffen. Der taoistischen Alchemie liegt das Buch Ts'an Tung Ch'i zugrunde. Diese alchemistische Lehrschrift enthält auch unzählige Anleitungen dafür, wie Yin und Yang zu verschmelzen sind. Bei Adepten hat dies wiederum selten mit etwas Sexuellem zu tun, vielmehr bedeutet diese Verschmelzung, die er alleine vollziehen kann, die Rückkehr zum Ursprung.

Die Begriffe der drei Schätze sind je nach Schrift oft unterschiedlich verwendet. So kann Ch'i auch Luft oder Atem bedeuten, Shen wird auch für Verstand verwendet und Ching bezeichnet ebenso Sperma.

Erwähnen wir hier Ching, Ch'i und Shen, so meinen wir Essenz, Lebenskraft und Geist. Die innere Alchemie will Ching in Ch'i, Ch'i in Shen und Shen in Hsü (Leere) transformieren. Die alchemistischen Bemühungen haben zum Ziel, diese Kräfte zu nähren und zu kultivieren.

Wu wei, das Nicht-Handeln

Wu wei ist ein Wesensprinzip des Taoismus und bedeutet im Grunde, dem Weg mühelos zu folgen, ohne über den Wegrand zu treten, sprich, ohne in Extreme zu verfallen. Im Wu wei wird jegliches sogenannte nicht-spontane Handeln vermieden, das heisst, es wird gehandelt, wie es der Moment soeben erfordert. Übereifer und jegliches Übertreiben werden dabei vermieden.

Aktivitäten, die auf Berechnung gründen oder um sich Vorteile zu erschaffen, sind von Wu wei ausgeschlossen.

Eine Pflanze neigt sich mühelos ihrer Lebensquelle, der Sonne zu. Dies geschieht unverkrampft und nach dem natürlichen Tao, ohne Berechnung und ohne ausserordentliche Kraftanstrengung. Die Bewegung ist aber dennoch für ihr Leben notwendig und deswegen erfüllt sie diese.

Der Taoist geht seinen Weg, frei von Ängsten und Sorgen. Hat er sein Ziel erreicht, so feiert er dieses nicht. Denn Erfolg ist für ihn einfach eine weitere Station auf seinem menschlichen Tao und als solches natürlich.

Es findet keine Überbewertung statt, kein geistiges Festhalten oder Klammern. Wu wei beinhaltet somit auch den sorgsamen Umgang mit Ressourcen, den eigenen wie auch jenen der Natur. Diese Sorgsamkeit hat wohl ebenfalls beachtlich zum langen Leben so mancher Taoisten beigetragen.

Tao der Stille

Der Taoist praktiziert die nötige Aktivität im Aussen, ohne Überanstrengung, und den Gegenpol, die Stille. Beide Pole, Aktivität und Stille, sollen sich abwechseln. Der Taoist übt sich darin, seinen Geist ruhig werden zu lassen, seine Sinnestore zu schliessen und nach innen zu kehren.

Leidenschaft, das Verlangen nach Erfolg und Wohlstand, Ruhm und Ehre, bezeichnet er als Ablenkung, Feind der Stille und der geistigen Kraft. Sorgen und Ängste empfindet er genauso als Unruhestifter.

Wer seine Tür von innen her gegen solches verschliesst, wird frei von Unruhe, da ihre Ursachen ihn nicht mehr erreichen. «Nimm die Dinge, wie sie kommen», empfiehlt der Taoist und folgt mit diesem Rat seinem Tao.

Verlangen und Sehnsucht sind schmerzhaft. Ihre Befriedigung, wenn eine solche überhaupt eintrifft, ist von kurzem Genuss. Warum sich also all dem zuwenden? So war der Taoismus niemals von Extremen geprägt.

Es existierte kein Zölibat. Wer die Enthaltsamkeit als zu schwierig empfand, wandte sich für eine Weile wieder dem Sexuellen zu und kehrte danach in die

Stille zurück. Auch Alkohol und andere Genussmittel sind im Taoismus nicht verboten. Wer das Tao kultiviert, erlebt automatisch eine Abnahme von Verlangen und Leidenschaft. Dadurch wird eine Unterdrückung sinnlos.

Die geistige Übung ist für diese Ausrichtung wichtig, auch wenn sie nur für wenige Minuten täglich geschieht. Der Taoismus empfiehlt, die Stille täglich zu üben, beispielsweise morgens oder abends. Die Kultivierung des Tao ermöglicht, von Äusserem Schritt für Schritt unabhängiger zu werden und dabei immer mehr inneren Wachstum, das innere Leuchten zu erleben.

Die Stille ist die Grundsubstanz der inneren Alchemie. Sie ermöglicht die Transformation. Der Taoismus weist darauf hin, dass die Stille nicht die Unterdrückung der Gedanken bedeutet – was eher kontraproduktiv wäre. Das natürliche Nichtdenken ist gemeint, welches als das «wahre Denken» bezeichnet wird.

Naturverehrung & Einfachheit

Der Taoist fühlt sich mit der Natur verbunden. Er weiss, dass er sich von ihrem natürlichen Fluss und ihrer Aktivität einfach tragen zu lassen braucht. Somit gehört es zu seinem Streben, sich mit den Schwingungen der Natur in Einklang zu bringen. Die Taoisten verehren die Natur und all ihre Schöpfungen.

Die wahre Weisheit sei die Anspruchslosigkeit, so der Taoist, anspruchslos zu sein, dem natürlichen Lebensfluss zu folgen. Mühelos wird im natürlichen Fluss Leeres wieder aufgefüllt, Überschüsse ausgeglichen, die Balance wieder hergestellt. Dies alles ohne Eile.

Der Natur gleich soll der Taoist in der Mühelosigkeit leben, tun, was getan werden soll, und mit seinem Werk anderen nützlich sein – ganz ohne Erwartungen für Dank und Lob.

Zum natürlichen Fluss gehört auch die Annahme dessen, was das Leben einem bringt. Wa-rum böse sein? Warum verurteilen? Es braucht das Schwarze genauso wie das Weisse, Yin Yang bedingen einander. Warum also soll sich der Mensch dagegen auflehnen? Das wäre reine Kraftverschwendung und mit ihr katapultiert sich der Mensch aus dem natürlichen Lebensfluss. Wandel ist notwendig, damit Leben geschehen kann. So mancher Schicksalsschlag führte eine entscheidende, positive Wendung herbei. Keine Wandlungsphase dauert ewig.

Alles, was ist, wird als Schöpfung der Natur verehrt und geachtet.

Kultur

Das Einfache wird im Taoismus dem Reichtum und Status vorgezogen. Es gibt kaum taoistische Kunst oder Dichtung, die nicht von erstaunlicher Schlichtheit und Sparsamkeit geprägt wäre. Auch das Design von Keramik oder Möbeln besticht durch Einfachheit, oft durch eine klare, schnörkellose Linienführung.

Das Tao ist niemals aufdringlich oder gar protzig.

In taoistischen Überlieferungen sind viele Anekdoten zu finden. Gerade Laotse wurde beachtlicher Humor zugeschrieben.

Es existieren zahlreiche taoistische Erzählungen und Sagen, die es zu lesen lohnt. Manche sind getränkt von Volksreligion, manche leuchten vor Weisheit.

Ursprung

Der Gelbe Kaiser Huang Ti zählte zu den «Fünf Weisen Herrschern» aus Chinas goldenem Zeitalter, das von 2852 bis 2255 vor Christus dauerte. Ihm werden diverse Forschungen im Bereich des späteren Taoismus zugeschrieben. So experimentierte er wohl damit, wie Krankheiten behandelt und das Leben verlängert werden konnte. Ebenso versuchte er, die Zusammenkunft von Mann und Frau zu veredeln, um damit einen neuen Geistkörper zu erschaffen. Welche Überlieferungen jedoch tatsächlich von ihm stammen, kann nicht wirklich nachvollzogen werden. Zu seinen Lebzeiten existierte die chinesische Schrift noch nicht und so entstanden teils wundersame Begründungen, wie Huang Ti habe seine Erkenntnisse in einem himmlischen Werk niedergeschrieben. Tatsächlich wird der Gelbe Kaiser oft als der Gründer des Taoismus angesehen und unzählige alte Schriften führen auf ihn zurück.

Auf Huang Ti schliesst auch der oft gebräuchliche Name für Taoismus, Huang lao. Der Name ist ein Zusammenschluss von Huang und Lao von Lao Tzu, oder Laotse, was so viel wie «Alter Weiser» bedeutet. Der Gelbe Kaiser gehörte dem sogenannten Goldenen Zeitalter an. Dies soll eine Hochkultur gewesen sein, die nach dem Untergang von Atlantis florierte. Vielleicht trägt der Taoismus sogar in seiner Grundessenz etwas von der Weisheit aus Atlantis in sich? Die Vorstellung ist schön, jedoch nicht viel mehr als ein spekulativer Gedanke. Im Goldenen Zeitalter sollen die Fünf Weisen in Übereinstimmung mit der Natur gelebt haben. Sie heilten und erreichten selbst ein hohes Alter. Sie kultivierten das Tao, die Verschmelzung mit dem Formlosen und die Kommunikation mit dem Göttlichen, dem Tao.

Nach diesem Goldenen Zeitalter folgte der Fall. Taoismus wurde kaum noch beachtet, dafür wurde dem Genuss gefrönt. Die Fang shih, das sind weise Männer, die als «Drogenkundige» bezeichnet wurden und als Ärzte wirkten, prägten erstmals den Begriff Tao. Ihnen wird zugeschrieben, sie hätten als Erste das Geheimnis der Unsterblichkeit entdeckt. Was genau dies bedeutet, bleibt dahingestellt.

Laotse erlangte die Verschmelzung mit dem Tao. Wie Konfuzius auch, war Laotse – wenn er denn tatsächlich gelebt hat – einer von den Hunderten Weisen, die durch das Land zogen. Er hinterliess die Schrift «Tao Te Ching» oder «Tao te king». Er und Chuang Tzu, der etwas später geboren wurde, spielen im Taoismus ausserordentlich wichtige Rollen.

Mao Meng, der im 3. Jahrhundert vor Christus lebte, galt als Vorreiter einer langen Reihe taoistischer Meister und Weisen. Sie alle strebten anhand unterschiedlicher Mittel nach der Unsterblichkeit.

Taoistische Meditationen und Diäten, Ritualbäder und eine zeremonielle Sexualität nach strengen Regeln sowie diverse alchemistische Übungen prägten ihre Leben. Diese Übungen waren keinesfalls neu, bereits der Gelbe Kaiser soll sie praktiziert haben.

An Mao Meng erinnern sich die Taoisten im Speziellen, da der Berg Mao Shan unter anderem auch nach Mao Meng so benannt wurde. Dieser Berg an der Küste in der Provinz Kiangsu galt über viele Jahrhunderte als sehr bedeutend für den Taoismus.

In den 200 Jahren nach Christi Geburt, in der späten Han-Dynastie, begann mit der Geburt von Chang Tao-Ling die Reihe der Himmelsmeister. Diese verliehen, ähnlich wie beim Dalai Lama gebräuchlich, ihren Rang an Nachfolger. Jedoch geschah es bei den Himmelsmeistern aufgrund familiärer Verbindung, was beim Dalai Lama nicht der Fall ist. Die Himmelsmeister vererbten ihren Rang also oft innerhalb der nahen Familie.

Nach den über 100 Niederschriften von Ko Hung circa Mitte des 500. Jahrhunderts nach Christus endete die Entwicklung des Taoismus praktisch komplett. Weiterhin gab es jedoch Anhänger, taoistische Philosophen und Adepten. Anerkannte Taoisten bezogen sich stark auf Ko Hungs Erbe, Studierte und teilweise auch Kaiser waren Anhänger seines Wissens. Im Gegensatz dazu standen die konfuzianisch geprägten Behörden, die Mühe hatten mit einer Lehre, welche die spirituelle Entwicklung über Folgsamkeit gegenüber dem Herrscher sowie erzieherische Tugenden stellte. Dichter, Kunstmaler und Komponisten liessen sich von jeher vom Taoismus und seiner Naturverehrung inspirieren.

In den nachfolgenden Dynastien übernahmen die Konfuzianer einiges aus dem Taoismus, so beispielsweise die Sitzmeditation sowie die Lehre, wie der Mensch mit der Natur verbunden ist.

Der Kommunismus machte dann schlussendlich jeder spirituellen Strömung den Garaus.

Tao te King

Die berühmteste Schrift des Taoismus ist das «Tao te King» oder auch «Daodejing», die auch als Gründungsschrift des Taoismus gilt.

Ein Weiser namens Laotse soll sie im 6. Jahrhundert vor Christus geschrieben haben. Die Zeit damals war von Kriegen und Unruhen geschüttelt, so war der

Bedarf nach Sinn und Weisheit gross. Die chinesische Philosophie blühte auf.

Das «Tao te King» ist eine Weisheitslehre für harmonisches Zusammenleben und Frieden im Kleinen wie Grossen. Es umfasst genauso Themen der Persönlichkeitsentwicklung wie auch der Politik.

Ob Laotse, oder auch Laozi, tatsächlich gelebt hat, bleibt unbewiesen. «Laotse» ist ein Ehrentitel, der auch ein Kollektiv von mehreren alten Meistern meinen könnte.

Volksreligion

Taoismus ist in dem Sinn eine Religion, da er erhabene spirituelle Ziele umfasst. Doch kennen die Taoisten keinen Götterglauben. Sie verehren das unpersönliche Tao. Von jeher waren Chinesen der Meinung, dass ein Götterglauben einen anderen nicht ausschliesst.

Wer in taoistischen Schriften jedoch auf Götternamen trifft, kann davon ausgehen, dass diese später von anderen Volksreligionen untergemischt wurden. Erwähnte ein taoistischer Meister in seinen Niederschriften tatsächlich Götter, so geschah dies beiläufig. Den Göttern – falls sie überhaupt vorkamen – wurde kein besonderer Stellenwert beigemessen.

Zu beobachten ist jedoch, mit je mehr Volksnähe gelehrt wurde, desto mehr Götternamen tauchten in den Schriften auf. Je weiterentwickelt eine taoistische Strömung war, desto weniger bis überhaupt nicht war darin von Göttern die Rede.

Zu Beginn lebten die Taoisten als Eremiten. Dies war rein überlebenstechnisch irgendwann nicht mehr möglich. So entstanden Einsiedlergemeinschaften. Um den bescheidenen Lebensunterhalt zu sichern, boten die Taoisten dem Volk ihr Heilwissen sowie die Vermittlung zwischen Göttlichem und Geistern an. So wurden sie zur Anlaufstelle auch für Alltägliches. Mancher Priester fungierte als Medium und übermittelte Botschaften aus der jenseitigen Welt. Auch Talismane, beispielsweise zu medizinischen Zwecken, wurden hergestellt und verkauft. Sie sollten Dämonen besänftigen und Beschwerden lindern, welche vom Teufel verursacht worden waren. Bald standen die Taoisten mit ihrem Angebot in Konkurrenz mit buddhistischen Mönchen – und umgekehrt. Um das Überleben zu sichern, mussten die Dienste konkurrenzfähig gehalten werden.

Unzählige Strömungen von Menschen, welche sich als Priester ausgaben, waren jedoch im Taoismus kaum bewandert. So entstand ein ziemliches Chaos, das kaum noch zu durchblicken war. Dem Volk war dies jedoch egal. Die Menschen achteten kaum auf Religionsangehörigkeit eines Priesters, sie waren an Hilfe interessiert.

Die Rivalität um Einnahmen zwischen buddhistischen Mönchen und Taoisten führte dazu, dass taoistische Tempelanlagen gebaut wurden. In ihnen «thronten» oft die «Drei Reinen»: Ling Pao, Yü Huang, Laotse. Ling Pao stand für die Wechselwirkung von Yin und Yang, Ching sowie für die Vergangenheit. Yü Huang war der sogenannte Jadekaiser und stand für Ch'i sowie die Gegenwart.

Laotse symbolisierte die taoistische Lehre, Shen sowie die Zukunft. Gemeinsam stellten sie die Trinität der Taoisten dar. Die Tatsache, dass die «Drei Reinen» auch kaum irgendwo als Figuren wieder erkennbar waren oder sind, sondern oft sehr unterschiedlich dargestellt wurden, zeigt deutlich, wie wenig Bedeutung die Taoisten dem Göttertum wirklich beimassen.

In der Kunst begegnen wir oft der Darstellung der acht Unsterblichen: Chung-Li Ch'üan (oder Han Chung-Li), Chang Kuo-Lao, Lü Thung-Pin, Ts'ao Kuo-Chiu, Li Hsüan (Li t'ieh-Kuai), Han Hsiang-Tzu, Lan Ts'ai-Ho, Ho Hsien-Ku.

Mancherorts werden auch Wünsche in Form von Unsterblichen dargestellt. Dies sind dann Fu (Reichtum), Lu (gesellschaftlicher Rang) und Shou (langes Leben). Gerade bei den ersten zwei Wünschen nach Reichtum und Rang ist zu erkennen, wie weit die taoistische Volksreligion vom wahren Taoismus entfernt war. Auch Zeremonien in Tempeln wurden oft entgegen der echten Essenz des Taoismus sehr farbenprächtig, mit Musik und Düften gefeiert.

Das Volk kontaktierte taoistische Priester auch vorrangig mit weltlichen Problemen, wenn es um Streit, Krankheit, Geschäfte oder gar Glücksspiel ging.

Körperliche Alchemie & sexuelle Übungen

Der Taoismus unterscheidet die innere und äussere Alchemie. Für die innere Alchemie benötigt der Adept nur sich selbst, keinen Partner.

Sexuelle Übungen dürfen für einen taoistischen Adepten nichts sexuell Reizvolles sein. So wählt ein Adept hierfür einen gesunden, jedoch möglichst leidenschaftslosen Partner ohne äussere Reize. Sexuelle Anreize würden den Adepten verführen und vom Sinn der Übung ablenken – und, so wird es gelehrt, sexueller Reiz und Ablenkung würden auf Dauer die geistige Gesundheit gefährden.

Die Kultivierung der äusseren Alchemie zusammen mit einem Partner hat zum Ziel, die Essenz (Ching), Lebenskraft (Ch'i) und Geist (Shen) zu reinem Geist zu vereinen und zu veredeln. Wer jedoch den wahren Sinn, das Tao nicht erfasst, der wird ein Leben lang üben und dabei nur Essenz und Geist verschleudern, ohne nennenswerten Erfolg.

Paare, die sich zu Keuschheit zwingen, entgegen ihrem Drang, können durch ihre Enthaltsamkeit sogar krank werden. Dies wäre komplett entgegen dem Ziel, das eigene Leben zu verlängern. Die Essenz wird durch den sexuellen Akt angekurbelt, jedoch wird sie im entscheidenden Moment kurz vor dem Höhepunkt zurückgehalten. Es erfolgt somit kein Samenerguss und so entsteht auch kein Energieverlust. Mit einer geheimen Technik wird dieses Ching des Partners zusammen mit dem des Adepten an eine Stelle circa fünf Zentimeter unterhalb des Bauchnabels gezogen, wo sich die Essenz (Ching) und die Lebenskraft (Ch'i) vermischen sollen. Diese Vermischung wird weiter nach oben geleitet in einen Hohlraum im Gehirn. Für diese Praktiken sind diverse Anforderungen vorgegeben, auch Tageszeiten, Stellungen und Rhythmen. Manchmal beziehen sie sogar eine spezielle Ernährung oder Reinigungsrituale mit ein. Die Praktik arbeitet mit Atemtechniken und Visualisierung.

Die taoistischen sexuellen Übungen wurden auch mancherorts als Ausrede für ein ausschweifendes Sexualleben genutzt. Auch hier gilt, ein natürliches Mass zu halten. Jeder Samenerguss gilt bei den Taoisten als Verschwendung von Ching und Ch'i. Ab sechzig Jahren wird ein aktives Sexualleben eher ganz vermieden oder nur sehr rüstigen Adepten mit höchstens einem Samenerguss pro Monat empfohlen.

Keuschheit, also ein Leben gänzlich ohne Samenerguss, gilt bei den Taoisten als weit idealstes Mittel, um das Tao zu kultivieren. Jeder Samenerguss wird als Verzögerung auf dem Weg angesehen.

Elixiere & Medizin

Die taoistischen Alchemisten experimentierten auf ihrer Suche nach einem Mittel für Unsterblichkeit mit diversen Elixieren. Schlussendlich steuerten sie einen grossen Beitrag zur traditionellen chinesischen Medizin bei. So durften diese Alchemisten auch unter der kommunistischen Regierung weiterhin praktizieren.

Die Yin Yang-Lehre hinterliess genauso Spuren in der chinesischen Medizin wie die fünf Wandlungsphasen.

In ganz frühen Zeiten dachten sich wohl manche Alchemisten, dass wenn gewisse Mittel sie befähigten, Krankheiten zu heilen oder fernzuhalten, müsse es doch auch ein Elixier gegen den Tod und für ewiges Leben geben.

Unzählige taoistische Alchemisten experimentierten mit der Herstellung von Pillen, um mit ihnen Unsterblichkeit zu erlangen. Sehr oft verwendeten sie Quecksilber oder Zinnober. Manches dieser Experimente endete tödlich, immer wieder einmal starb ein Alchemist an einer Vergiftung. Kaiser, welche ebenfalls oft Unsterblichkeit anstrebten, litten ebenfalls öfter an einer Überdosis oder starben sogar daran.

Die meisten Niederschriften von Rezepten wurden verschlüsselt, dieselben Pflanzen und Metalle erhielten je nach Niederschrift unterschiedliche Namen, und so herrschte bald ein Durcheinander an Bezeichnungen.

Aus der chinesischen Medizin erklingt die Meinung, dass eh jedes Individuum unterschiedlich reagiere – auch auf die Einnahme von Medikamenten und Drogen. So könne nicht mit Gewissheit vorausgesagt werden, welche Wirkung eine Pille bei einem bestimmten Menschen habe. Ebenso sei es nicht voraussehbar, wie jeder Einzelne auf spirituelle Übungsmethoden wie Yoga und Meditation reagiere.

Dennoch vertreten viele Taoisten die Überzeugung, allein die Stille und Meditation würden den Weg zur Unsterblichkeit bilden.

Das Tao kultivieren

So gut wie sämtliche taoistischen Meister wiesen darauf hin, dass keine Methode – weder alchemistische noch meditative – ohne die Unterweisung eines fachkundigen Lehrers begonnen werden sollte.

Die meisten taoistischen Meister waren sich einig, dass keine Verbote oder Regeln auf dem taoistischen Weg notwendig sind. Dafür ist die Masshaltung in allem zentral. Überanstrengung des Körpers sei Unsinn, zu wenig Schlaf sei genauso schädlich wie zu viel. Fleischkonsum ist nicht verboten, die Völlerei hingegen wird verpönt. Bis hin zur Sättigung soll gegessen werden – nicht aber darüber hinaus. Dennoch lehrten die meisten, dass Gemüse essen sich positiv auf das Ch'i auswirke.

Die Kultivierung des Tao beinhaltet Atem- und Bewegungsübungen. Die Meister empfehlen, die Atemübungen, egal welcher Art, in den Morgenstunden zu tätigen, da nach dem Mittag das Ch'i im Körper automatisch abnehme. Das Training der Tiefenatmung wird empfohlen.

Um das Ch'i weiterhin zu nähren, sollen sämtliche starken Gefühlsregungen vermieden werden, weder übermässige Trauer noch Freude sollen aufsteigen, Angst oder Wut dürfen schon gar nicht Überhand nehmen.

Der Übende strebt die unerschütterliche Ruhe eines Adepten an. Alles Übermässige wird als Störung des Gleichgewichts zwischen Yin und Yang angesehen. Die Adepten waren davon überzeugt, dass eine Anhäufung solcher Störungen Schäden verursachen würden und der Mensch dadurch früher sterbe.

Um den Körper geschmeidig zu erhalten, werden je nach Lehrer unterschiedliche Bewegungsübungen empfohlen. Ganz besonders wird in vielen Lehren die Kunst des T'ai chi erwähnt. Auch Kung fu war ursprünglich aus dem Taoismus entstanden, weitere Kampfsportarten sind Weiterentwicklungen und Ableger davon.

Um Shen, den Geist, zu kultivieren, soll das wahre Glück wahrgenommen werden. Der wahre Taoist ist zufrieden mit dem, was er zurzeit gerade lebt und besitzt. Er schüttelt die Angst ab und ist frei von der Sklaverei der Gedanken.

Auf diese Weise harmonisieren sich Körper und Geist, Hingabe geschieht, und die Rückkehr in die Leere (Hsü) wird möglich. Die «innere Gottheit» oder das «Geist-Kind» wird genährt und wird sich schlussendlich mit dem Tao vereinen können – wobei im Grunde niemals wirklich eine Trennung vom Tao stattgefunden hat.

Die «innere Gottheit» ist etwa vergleichbar mit dem, was wir im Westen den Astralkörper nennen. Mit ihm kann der Adept bereits zu Lebzeiten seinen Körper verlassen und sich in der geistigen Welt bewegen.

Die taoistische Meditation gleicht jener im Buddhismus. Die Haltung der Hände wechselt während des Meditierens, wobei es im Vergleich zum Buddhistischen für die taoistische Meditation viel weniger Vorschriften und Regeln gibt.

Ziel

Ziel des Taoismus ist die Unsterblichkeit. Ihr Begriff der Unsterblichkeit wird umso gewichtiger, wenn man weiss, dass die meisten Taoisten die buddhistische Lehre der Wiedergeburt ablehnten. Ihnen blieb also nur eine Lebensspanne, um die Unsterblichkeit zu erreichen und optimal mit dem Tao zu verschmelzen. Die Unsterblichkeit im Taoismus ist etwa das, was in anderen spirituellen Lehren die Erleuchtung genannt wird. Wer Unsterblichkeit erlangt, stirbt also körperlich genauso wie alle anderen. Dank der Kultivierung des Tao gelangt ein Taoist eventuell zu erstaunlicher Langlebigkeit. Jedoch ist mit Unsterblichkeit nicht ewiges Leben in unserer Welt gemeint.

In den Bemühungen, unsterblich zu sein, überwindet der Adept die Schlacken des Egos, legt sämtliche Verblendungen ab und mit dem Tod wird die körperliche Hülle fallengelassen.

Dank der Kultivierung des Tao wird ein Individuum fähig, Täuschungen und Begierden abzulegen, in die ihn das tägliche Leben verstrickte. Frei wird er, wenn er mit den Naturgesetzen sowie dem natürlichen Fluss lebt und in die Stille eintritt. Auf diesem Weg soll es ihm möglich werden, sich mit dem kosmischen Geist zu vereinen.

Ein wahrer taoistischer Adept hat sich seiner geistigen Wiedergeburt bereits im Leben unterzogen und sich von den irdischen Fesseln gelöst, um frei zu werden für das grenzenlose, reine Sein. Fliesst sein Geist in dieses Sein zurück, hat er Unsterblichkeit erreicht.

Der taoistische Adept fühlt sich überall glücklich, da er sich von aller Abhängigkeit losgesagt hat. Er hat völlige Freiheit erreicht und bleibt dank dieser inneren Ruhe von äusseren Schicksalsschlägen unberührt. Er ist also in dieser Welt und doch in gewissem Sinn nicht mehr von dieser Welt.

Was das Erlangen der Unsterblichkeit betrifft, betonte Ko Hung ebenso, dass diese nicht durch Ruhm und Reichtum zu erreichen sei. Langlebigkeit wahrlich zu erlangen, gelänge nicht durch das Aufsagen von Zaubersprüchen oder dank Ritualen.

Oberstest Gebot für Langlebigkeit sei ein tugendhaftes Leben und dass sich der Taoist mit aller Stärke vom Bösen fernhält. Unsterblichkeit setzte Ko Hung jedoch nicht mit ewigem Leben gleich, für ihn war sie vielmehr ein geistiger Zustand.

Mit Unsterblichkeit ist also der weise Adept gemeint, das Hinnehmen, zum Neugeborenen zu werden, welches alles so annimmt, wie es ihm begegnet.

Ziel des Taoismus ist, ziellos zu werden – einfach zu sein.

Das Tao ist ohne Identität. Wer sich ihm zuwendet, befreit sich von der Identifizierung mit dem Weltlichen und wird frei. Wer sich auf diese Weise befreit, schaut dem Tod mit Gleichgültigkeit entgegen. Der Tod verliert seinen Schrecken, denn er ist nur noch das Ablegen einer menschlichen, sterblichen Hülle.

Der Adept identifiziert sich in keiner Weise mehr mit dieser Hülle. Was also soll der Tod ihm nehmen?

Taoismus im Alltag

Der Taoist handelt, wenn dies sein Alltag erfordert. Läuft etwas schief, berichtigt er dies, ohne grosses Aufheben zu machen. Er tut, was getan werden muss und zieht sich danach still zurück. Das Zurückziehen bedingt das Loslassen – auch das gedankliche.

Klar, kann in der heutigen Gesellschaft kein Mensch mehr leben, ohne sein tägliches Brot zu verdienen. Das ist schon seit vielen Jahrhunderten so. Dennoch ist Taoismus in seinen Grundzügen noch umsetzbar, auch in der heutigen Arbeitswelt.

Frei von Bewertungen zu leben, gehört zum Taoismus. So wird Misserfolg genauso angenommen wie Erfolg. Nach dem Wu wei wird getan, was der natürliche Lebensfluss gerade verlangt. Kein mühevolles Streben, kein Kampf.

In der regelmässigen Stille erholt sich der Körper und stärkt die Verbindung zum Geist.

Essenz des Taoismus

Alles wird aus dem Tao geboren.
Die lebenspendenden Kräfte sind: die Essenz (Ching), die Lebenskraft (Ch'i) und der Geist (Shen). Sie durchdringen alles, was ist, sind sozusagen die Bewegung im Tao, welche für Wachstum und Niedergang der zehntausend Dinge sorgen.

Wichtige Begriffe

ch'i/chi= Lebenskraft
ching = Essenz
hsü = Leere
Pen-t'i = reines Sein
p'u = Substanz aller Dinge, Ursubstanz
shen = Energie
t'ai chi = das höchste Letzte
t'ai hsü = die grosse Leere
tao chia = Anhänger von Laotse & Chuang Tzu
Wu = Nichtsein
wu nien = Nichtdenken, das wahre Denken

***

Tanja Alexa Holzer

Texttüftlerin, Fehlerdetektivin, Buchmagierin, Webkreative, Shophebamme – das alles ist die Schweizerin Tanja alias Wortfeger. Buchverrückt!

wortfeger.ch

- Buchproduktion
- Texte
- Korrekturen
- Ghostwriting
- Storytelling
- Blogging
- Web & Social Media